Anonym

Betriebsinformatik

Zusammenfassung

GRIN Verlag

Bibliografische Information der Deutschen Nationalbibliothek:

Die Deutsche Bibliothek verzeichnet diese Publikation in der Deutschen National-bibliografie; detaillierte bibliografische Daten sind im Internet über http://dnb.d-nb.de/ abrufbar.

Impressum:

Copyright © 2007 GRIN Verlag GmbH
Druck und Bindung: Books on Demand GmbH, Norderstedt Germany
ISBN: 978-3-656-71040-0

Dieses Buch bei GRIN:

http://www.grin.com/de/e-book/277774/betriebsinformatik

GRIN - Your knowledge has value

Der GRIN Verlag publiziert seit 1998 wissenschaftliche Arbeiten von Studenten, Hochschullehrern und anderen Akademikern als eBook und gedrucktes Buch. Die Verlagswebsite www.grin.com ist die ideale Plattform zur Veröffentlichung von Hausarbeiten, Abschlussarbeiten, wissenschaftlichen Aufsätzen, Dissertationen und Fachbüchern.

Besuchen Sie uns im Internet:

http://www.grin.com/

http://www.facebook.com/grincom

http://www.twitter.com/grin_com

1. Modellierung von Unternehmensdaten

1.1. Datenmodelle

1.1.1. Betrachtungsebenen für Daten und Informationen

Neben einer Darstellung von verschiedenen Sichten bietet sich eine Betrachtung in verschiedenen Beschreibungsebenen an. Die Ebenen werden dabei nach ihrer Nähe zur betrieblichen Problemstellung differenziert. Dadurch wird eine durchgängige Beschreibung ausgehend vom Problem bis zur technischen Umsetzung realisiert. Folgende Beschreibungsebenen sollten unterschieden werden:

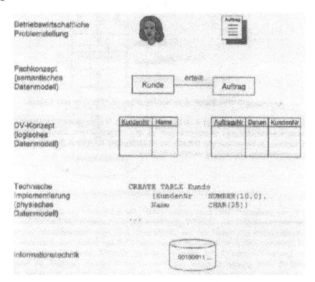

- In einem Fachkonzept wird das zu unterstützende betriebswirtschaftliche Anwendungskonzept in einer so weit formalisierten Sprache beschrieben, dass es Ausgangspunkt einer konsistenten Umsetzung in die Informationstechnik sein kann.
- Das DV-Konzept überträgt die Begriffswelt des Fachkonzeptes in die Kategorien der DV-Umsetzung. Es erfolgt eine Anpassung der Fachbeschreibung an generelle Schnittstellen der Informationstechnik.
- Die technische Implementierung stellt schließlich die Beschreibung der konkreten hardware- und softwaretechnischen Umsetzung des DV-Konzeptes dar.

Ein Datenmodell dient der Beschreibung von Daten und zugehörigen Strukturen. Speziell geht es um die Objekte, Relationen und deren Attribute in einer anwendungsunabhängigen, aber für die Konzeption von Datenbanken geeigneten Form. Dabei werden die Anforderungen an die Datenorganisation berücksichtigt.

1.1.2. Semantische Datenmodelle

Ein semantisches Datenmodell beschreibt die Daten eines Informationssystems auf der Ebene des Fachkonzeptes. Ein häufig verwendetes Instrument zur Darstellung von Datenstrukturen und Beziehungen zwischen Daten ist das Entity-Relationship-Modell. Grundelemente der Darstellung sind Objekte (Entitäten) und Beziehungen.

1.1.2.1. Entität und Entitätstyp

Gegenstände, auf die sich Daten beziehen, werden als Entitäten oder Objekte bezeichnet. Entitäten sind grundsätzlich individuelle Exemplare. Beispiele für Entitäten sind Kunde „Müller" oder Konto „60602091".

Entitäten werden durch ihre Merkmale beschrieben. Gleichartige Entitäten können einem Entitätstyp oder einer Entitätsmenge zugeordnet werden. Zu den obigen Beispielen gehören die Entitätstypen „Kunde" und „Konto". In ER-Diagrammen werden Entitätstypen zumeist als Rechtecke dargestellt.

Entity-Typ	Entities	Attribute	Attributwerte
Mitarbeiter	Paul, K. Marlene, S. Stephan, B. ...	Personal_Nr Abteilung	239290, 423089, 376891 F&E, Produktion, Logistik
Land	Ungarn, Deutschland, Italien	Fläche Hauptstadt	256.392 qkm, ... Budapest, Bonn, Rom

1.1.2.2. Attribute von Entitätstypen

Entitätstypen werden durch ihre Attribute, d.h. Eigenschaften bzw. Merkmale charakterisiert. Der Entitätstyp „Kunde" besitzt beispielsweise die Attribute „Name", „Straße", „Wohnort" und „KundenNr". Der Entitätstyp „Konto" hat die Attribute „KontoNr" und „Kontostand". In der grafischen Darstellung werden Attribute einer Entitätsmenge häufig durch Ellipsen dargestellt.

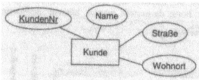

Die Menge der Werte, die ein bestimmtes Attribut annehmen kann, nennt man seinen Wertebereich, die Domäne oder den Datentyp. Attribute werden somit immer durch zwei Charakteristika beschrieben:

- Den eindeutigen Namen des Attributs
- Den Wertebereich des Attributs

Bestimmte Attribute werden genutzt, um Entitäten voneinander zu unterscheiden. Hierfür eignen sich aber nur solche Attribute oder Attributkombinationen, die Eindeutigkeit gewährleisten. Solche Attribute oder Attributkombinationen nennt man Schlüsselkandidaten. Ein Schlüsselkandidat ist eine minimale Attributkombination, mit der jede Entität eines Entitätstyps eindeutig identifiziert werden kann und deren Werte statisch sind. Schlüsselkandidaten für ein zugelassenes Kraftfahrzeug sind beispielsweise das Kennzeichen oder die Fahrgestellnummer.

Aus einem Schlüsselkandidaten können keine Attribute entfernt werden, ohne dass die eindeutige Identifizierbarkeit der zugehörigen Entität verloren geht. Es können zwei Arten von Schlüsseln identifiziert werden:

- Der Schlüsselkandidat, der bei der Datenmodellierung als Identifikationsschlüssel festgelegt wird, heißt Primärschlüssel. Er stellt das Hauptordnungskriterium dar.
- Jeder weitere Schlüssel neben dem Primärschlüssel wird als Sekundärschlüssel bezeichnet.

Welcher Schlüsselkandidat zum Primärschlüssel wird, hängt von der Anwendung ab. So kann für die Zulassungsstelle das Kennzeichen eines Fahrzeugs das wichtigere Merkmal sein, während für eine Datenbank mit gestohlenen Fahrzeugen eventuell die Fahrgestellnummer wichtiger ist. Der gewählte Primärschlüssel wird in der grafischen Darstellung häufig unterstrichen dargestellt.

1.1.2.3. Beziehung und Beziehungstypen

Eine Beziehung ist eine Verknüpfung zwischen verschiedenen Entitäten. So kann beispielsweise eine Beziehung definiert werden, die dem Kunden „Müller" das Konto „60602091" bei einer bestimmten Bank zuordnet.

Gleichartige Beziehungen können einem Beziehungstyp zugeordnet werden. In ER-Diagrammen werden Beziehungen meist durch Kanten zwischen Entitätstypen dargestellt:

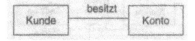

In der Regel verknüpft man jeweils zwei Entitäten über eine Relation. In diesem Fall spricht man von einer binären Relation.

Die semantische Aussagekraft eines Datenmodells bezüglich der Abbildung der betrieblichen Realität kann durch die Angabe der Kardinalität eines Beziehungstyps gesteigert werden. Die Kardinalität ist eine quantitative Spezifikation für die Menge der auftretenden Beziehungen. Grundsätzlich lassen sich folgende Kardinalitäten unterscheiden:

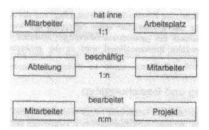

1.1.3. Logische Datenmodelle

Ein logisches Datenmodell beschreibt die Daten eines Informationssystems auf der Ebene des DV-Konzepts. Unter den logischen Datenmodellen spielen vor allem vier Modelle eine Rolle.

- Relationales Datenmodell: Die Daten werden unabhängig davon ob sie Eigenschaften von oder Beziehungen zwischen Objekten repräsentieren als Tabelle dargestellt.
- Hierarchisches Datenmodell: Die Daten werden in einer Baumstruktur dargestellt, bei dem jeder Datensatz nur einen übergeordneten Datensatz haben kann. Die Knoten der Baumdarstellung repräsentieren die Datenobjekte, die Kanten die Beziehungen zwischen den Objekten.
- Netzwerkdatenmodell: Im Gegensatz zum hierarchischen Datenmodell ist hier keine hierarchische Anordnung zwischen den Objekten notwendig. Es können komplexere Netzstrukturen gebildet werden.
- Objektorientiertes Datenmodell: Es werden Daten und zugehörige Funktionen in einem einheitlichen Ansatz gebildet.

1.1.3.1. Das relationale Datenmodell

Das relationale Datenmodell oder Relationenmodell bildet Datenstrukturen mittels Relationen ab, die durch Tabellen anschaulich dargestellt werden können. Eine Relation beschreibt dabei einen Entitätstyp oder einen Beziehungstyp.

Veranschaulichung der im Kontext auftretenden Termini

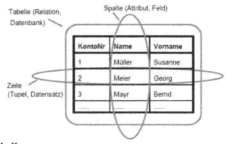

Eigenschaften von Tabellen:
- Die Zeilen einer Tabelle müssen gleiche Lägen aufweisen
- In den Feldern einer Tabelle dürfen keine Attributwiederholungen auftreten
- Den Spalten einer Tabelle dürfen nur atomare, d.h. keine zusammengesetzten Attribute zugeordnet sein

Die Normalisierung ist ein Verfahren zur Analyse und Optimierung von Relationenmodellen. Dabei wird ein vorhandenes Relationenmodell schrittweise in ein Modell umgewandelt, das über bestimmte definierte Eigenschaften verfügt.
Ziel des Normalisierungsvorganges ist es, ein stabiles und anomaliefreies Datenbankdesign zu erhalten.

---

1. Normalform

Tabelle, in der keine Attributwiederholungen und nur atomare Attribute auftreten. Sind alle Tabellen eines Relationenmodells in 1. Normalform, so bezeichnet man dieses als ein Relationenmodell in 1. Normalform.

Die Tabelle in Abbildung 8-16 befindet sich nicht in der ersten Normalform, da es Felder gibt, in denen mehrere Werte eingetragen sind (ArtikelNr, ArtikelBez, KaufMenge, ArtikelGruppe, RabattSatz).

KundeNr	Name	Straße	Ort	KaufDatum	ArtikelNr	ArtikelBez	KaufMenge	Artikel-Gruppe	RabattSatz
138	Paul S.	Oheweg	Oestrich	29.04.93	521	Drops	200	B	26
					678	Keks	120	B	25
					824	Bier	240	G	16
287	Franz O.	Hauptstr.	Winkel	30.04.93	678	Keks	150	B	26
					986	Saft	90	G	16
124	Erna K.	Wesenstr.	Mittelheim	12.12.93	521	Drops	60	B	26
					986	Saft	135	G	15
473	Lisa Z.	Ulmenstr.	Eltville	08.01.94	824	Bier	60	G	15

Abbildung 8-16: Tabelle (nicht in erster Normalform)[16]

Diese Tabelle hat den Vorteil, dass für die Speicherung und Verarbeitung alle Datensätze den selben Aufbau und die gleiche Länge haben. Die Darstellung in der ersten Normalform weist noch eine Reihe von Nachteilen auf:

- Redundanz: Kundenbezogene Angaben sind in der Tabelle mehrfach gespeichert.
- Mehrfach dargestellte Beziehungen: So ist z.B. sowohl die Beziehung zwischen KundeNr und Name als auch zwischen ArtikelNr und ArtikelBez mehrfach dargestellt.

Aus diesen Gründen wird versucht, die vorhandene komplexe Tabelle in mehrere einfachere Tabellen zu zerlegen. Es werden daher weitere Normalformen definiert, die die genannten Nachteile vermeiden. Zur Definition dieser Normalformen sind zunächst noch weitere Begriffe notwendig:

Ein Attribut bzw. eine Attributkombination B heißt funktional abhängig von einem Attribut bzw. einer Attributkombination A in der selben Relation, wenn zu einem bestimmten Wert von A höchstens ein Wert von B möglich ist.

Beispielsweise ist das Attribut ArtikelBez (B) funktional abhängig von der ArtikelNr (A).

Das Attribut bzw. die Attributkombination B heißt voll funktional abhängig von A, wenn B nicht bereits von einer Teilmenge der Attributkombination A funktional abhängig ist.

KundeNr	Name	Straße	Ort	KaufDatum	ArtikelNr	ArtikelBez	KaufMenge	Artikel-Gruppe	RabattSatz
138	Paul S.	Oheweg	Oestrich	29.04.93	521	Drops	200	B	26
138	Paul S.	Oheweg	Oestrich	29.04.93	678	Keks	120	B	25
138	Paul S.	Oheweg	Oestrich	29.04.93	824	Bier	240	G	15
287	Franz O.	Hauptstr.	Winkel	30.04.93	678	Keks	150	B	26
287	Franz O.	Hauptstr.	Winkel	30.04.93	986	Saft	90	G	15
124	Erna K.	Wesenstr.	Mittelheim	12.12.93	521	Drops	60	B	26
124	Erna K.	Wesenstr.	Mittelheim	12.12.93	986	Saft	135	G	15
473	Lisa Z.	Ulmenstr.	Eltville	08.01.94	824	Bier	60	G	15

Abbildung 8-17: Tabelle in erster Normalform

In Abbildung 8-17 ist beispielsweise das Attribut KaufMenge voll funktional abhängig von der Attributkombination (KundeNr, KaufDatum, ArtikelNr). Das Attribut Name ist dagegen nicht voll funktional abhängig von der Attributkombination, da es bereits allein vom Attribut KundeNr funktional abhängig ist.

---

2. Normalform

Eine Relation ist in der 2. Normalform, wenn sie in der 1. Normalform ist und alle Attribute voll funktional von allen Schlüsselattributen abhängen.

D.h., ein Attribut benötigt den gesamten Schlüssel zur Identifikation und kann nicht bereits durch einen Teilschlüssel identifiziert werden.

Die zweite Normalform des obigen Beispiels zeigt Abbildung 8-18. Dazu erfolgt eine Zerlegung der Ursprungstabelle in drei einzelne Tabellen Kunden, Artikel und Kauf, die jeweils in zweiter Normalform sind.

KundeNr	Name	Straße	Ort
138	Paul S.	Ohseweg	Oestrich
287	Franz S.	Hauptstr.	Winkel
124	Erna K.	Weserstr.	Mittelheim
473	Lisa Z.	Ulmenstr.	Eltville

Kunden

ArtikelNr	ArtikelBez	ArtikelGruppe	RabattSatz
521	Drops	B	25
678	Keks	B	25
824	Bier	G	15
980	Saft	G	15

Artikel

KundeNr	ArtikelNr	KaufDatum	KaufMenge
138	521	29.04.93	200
138	678	29.04.93	120
138	824	29.04.93	240
287	678	30.04.93	150
287	983	30.04.93	90
124	521	12.12.93	60
124	980	12.12.93	135
473	824	08.01.94	60

Kauf

Abbildung 8-18: Tabellen *Kunden*, *Artikel* und *Kauf* in zweiter Normalform

Die Tabelle Artikel besitzt noch immer Redundanz. Der Rabattsatz lässt sich nämlich aus der Artikelgruppe bestimmen. Man spricht in diesem Falle von einer transitiven Abhängigkeit.

Seien A, B und C je ein Attribut oder eine Attributkombination. Wenn B von A funktional abhängig ist und C von B funktional abhängig ist, dann ist C transitiv abhängig von A.

6

> **3. Normalform**
> Eine Relation ist in der 3. Normalform, wenn sie in der 2. Normalform ist und keine
> transitiv abhängigen Attribute existieren.

Die Tabellen Kunden und Kauf befinden sich bereits in der dritten Normalform, da hier keien
transitiven Abhängigkeiten auftreten. Die Tabelle Artikel kann nochmals in zwei Tabellen
Artikel und Rabatte zerlegt werden.

ArtikelNr	ArtikelBez	ArtikelGruppe
521	Drops	B
678	Keks	B
824	Bier	G
988	Saft	G

Artikel

Artikel-Gruppe	RabattSatz
B	25
G	15

Rabatte

Durch die Normalisierung wird aus der ursprünglichen Relation ein relationales Datenmodell
in der dritten Normalform, bei dem die ursprüngliche Relation in die vier folgenden
Relationen zerlegt ist:

- Kunde (KundeNr, Name, Strasse, Ort)
- Artikel (ArtikelNr, ArtikelBez, ArtikelGruppe)
- Rabatte (ArtikelGruppe, RabattSatz)
- Kauf (KundeNr, ArtikelNr, Kaufdatum, KaufMenge)

Merkmale des relationalen Datenmodells:
- besteht aus Objekten, Operationen und Regeln
- Beziehungen zwischen den Dateien werden über Inhalte von Datenfeldern dargestellt
- Beliebige Verknüpfung von Tabellen ist möglich
- Zugriffspfade müssen nicht vorgegeben werden
- Relation: Name & Attributmenge
- m:n – Beziehungen sind möglich

Vorteile:
- hohe Flexibilität
- Redundanzfreiheit (bis auf die gewollten Redundanzen)
- Einfacher (aber langsamer) Zugriff
- Abgeschlossenheit
- Hohe Abfragesicherheit
- Optimierbarkeit
- Hohe Transparenz des Datenmodells

Nachteile:
- Zersplitterung
- Hohe Rechnerleistung notwendig
- Rekursive Datenbeziehungen schwierig

1.1.3.2. Hierarchisches Datenmodell

Vorteile Hierarchisches Datenmodell:

- Hohe Zugriffsgeschwindigkeit
- Geringer Speicherbedarf für 1:m Beziehungen
- Günstig für 1:m Beziehungen

Nachteile Hierarchisches Datenmodell:
- Notwendige Kenntnis der Zugriffspfade
- Keine Datenunabhängigkeit
- Redundanz durch unflexible Verknüpfung
- Mögliche Inkonsistenz

1.1.3.3. Netzwerkdatenmodell

Vorteile Netzwerkdatenmodell:
- Vermeidung von Datenredundanzen und –Inkonsistenz
- Einstieg in das Netz über jeden Knoten
- Segmentlöschung ohne Negativfolgen möglich

Nachteile Netzwerkdatenmodell:
- Zugriff nur über bekannte Zugriffspfade
- Sehr komplex
- Änderung der Datenstruktur erzwingt Änderung im Programm

1.1.4. Physisches Datenmodell

Ein physisches Datenmodell beschreibt die Daten des Informationssystems auf der Ebene der technischen Implementierung. Das physische Datenmodell bezieht sich auf ein konkretes Datenbankprodukt. Für die Umsetzung eines relationalen Datenmodells bieten sich insbesondere relationale Datenbanksysteme an.

1.2. Beschreibung von Datenbanken

1.2.1. Architektur von Datenbanksystemen

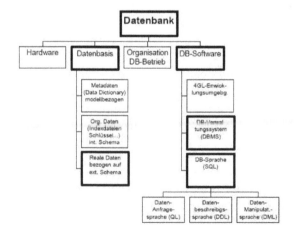

Kern einer Datenbank ist die Datenbasis. Durch einen Modellierungsprozess werden die charakteristischen Daten eines betrachteten Realitätsausschnittes bestimmt und ihre logische Struktur festgelegt. Die Hardware ist Trägermedium für die Datenbasis und die DB-Software.

Das Datenbankverwaltungssystem ist ein Softwaresystem zur Definition, Administration und Benutzung einer Anzahl von Datenbanken. Es stellt die Schnittstelle zwischen Nutzer und Datenbasis dar. Der Nutzer kommuniziert mit dem DBMS über eine Datenbanksprache. Als eine solche Sprache hat sich die standardisierte Structured Query Language (SQL) durchgesetzt.

Die Verwaltung der Datendefinitionen wird häufig von einem speziellen Programm vorgenommen, das als Data Dictionary bezeichnet wird. Es speichert so genannte Metadaten, d.h. Daten über Daten.

Spezielle Sprachen ermöglichen eine Datenmanipulation durch Anwender. Häufig benutzt man eine spezielle Datenmanipulationssprache (DML).
Die Datenbankenbeschreibungssprache (DDL) dient der Definition der Strukturen der Daten, des Datenbankschemas.

Mit Hilfe einer Speicherbeschreibungssprache (DSDL) erfolgt eine Festlegung, wie die Daten physisch gespeichert werden und wie der Zugriff auf sie erfolgen kann.

Eine Abfragesprache (QL) ist eine Sprache zur Suche nach Information. Das Ergebnis einer Abfrage ist eine Teilmenge des zugrundeliegenden Informationsbestandes. Man spricht auch von Filterung der Daten.

Datentyp
- DT bestimmt, welcher Wert in das Feld eingetragen werden darf
- DT definiert, wie viel Speicherplatz für das Feld reserviert wird
- DT ist wichtig für die Korrektheitsprüfung
- DT spezifiziert die Operationen, die über Werten des Feldes zugelassen sind

1.2.2. Entstehung einer DB

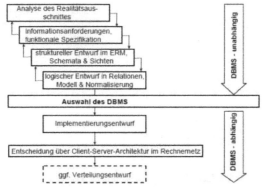

Abbildung 2-22: Entwicklungsphasen einer Datenbank [HORN u.a.]

1.3. Datenintegrität

Die Integrität umfasst:
* die Widerspruchsfreiheit von Daten (D.-Konsistenz)
* Die Sicherung der Daten vor Verlust und Verfälschung
* Die Einhaltung der Datenschutzvorschriften

Datenkonsistenz:
Die Daten müssen vollständig, korrekt und widerspruchsfrei sein und die Realität, die sie beschreiben, exakt und aktuell wiedergeben.

Datensicherheit:
Die Daten müssen gegen System- und Programmfehler sowie gegen Hardwareausfälle gesichert sein.

Dabei gelten folgende Grundanforderungen:
* Schutz vor Zerstörung durch Feuer
* Rekonstruierbarkeit von Daten
* Überprüfbarkeit von Daten
* Identifizierbarkeit von Daten
* Differenzierter Zugriffsschutz von Daten
* Überwachbarkeit des Nutzerbetreibers der Datenbank

Datenschutz:
Die Daten sind vor unbefugtem Zugriff zu schützen.

2. Betriebsinformatik als ganzheitliches Konzept

2.1. IV – Systeme im Fertigungsbereich (PPS – Systeme)

2.1.1. Betriebswirtschaftliche Ziele und Aufgaben der PPS

a)   Aufgaben

* Festlegen des mengenmäßigen und zeitlichen Produktionsablaufes von Kundenaufträgen
* Produktionsablauf veranlassen, überwachen, steuern/regeln

b)   Ziele

Minimierung der entscheidungsrelevanten Kosten anhand von zeitlichen Ersatzzielen:
* Minimierung der Auftragsdurchlaufzeit
* Minimierung der Bestände
* Maximierung der Kapazitätsauslastung
* Minimierung von Lieferterminabweichungen (Termintreue)

2.1.2. Schwachstellen von PPS

* Soll – Ist – Differenz (mengen- und kostenmäßige Betrachtung)
* Periodenorientierte Planungsphilosophie

- Starrheit mittelfristiger Pläne im Betrieb (sobald Plan nicht mehr mit Realität übereinstimmt → Negativfolgen)
- Nichtverwertbarkeit von Online – Rückmeldungen
- Primat der Sukzessivplanung gegenüber der Simultanplanung (keine Rückkopplungen)
- Diskrepanz zwischen Grob – und Feinplanung (z.B. falsche Einschätzungen hinsichtlich der Durchlaufzeiten)
- Fehlerhafte Produktanpassung
- Fehlerhafte Mengenplanung („Hamstern")
- Fehlende zielbezogene Stellgrößen
- Kontraproduktive Parametrisierung von PPS – Systemen (zu viele Parameter, Fehleinschätzung der Auswirkungen)
- Überzogener Durchdringungsgrad der Planung
- Falsche PPS – Systemauswahl (jeder Betriebstyp braucht spezielles PPS – System)

2.1.3. Kritik betriebswirtschaftlicher Planungsmodelle

- Mengenprobleme:
  - o Welche Mengen an End-, Zwischen- und Vorprodukten sollen im Planungszeitraum hergestellt werden.
  - o Welche Losgrößen sind zu wählen.
  - o Welche Mengen fremdbezogener Teile sollen beschafft werden
- Terminprobleme:
  - o Zu welchen Zeitpunkten soll was gefertigt werden
  - o Zu welchen Zeitpunkten soll was beschafft werden
- Zuordnungsprobleme:
  - o Auf welchen Betriebsmitteln soll was mit welchem Personal und mit welchen Werkzeugen gefertigt werden.
- Reihenfolgeproblem:
  - o in welcher Reihenfolge werden um ein Betriebsmittel konkurrierende Fertigungsaufträge abgearbeitet

2.2. Simulation betriebswirtschaftlicher Funktionen

Gemäß der VDI-Richtlinie 3633 ist Simulation das Nachbilden eines dynamischen Prozesses in einem System mit Hilfe eines experimentierfähigen Modells, um zu Erkenntnissen zu gelangen, die auf die Wirklichkeit übertragbar sind. Eine Simulation wird oftmals dann durchgeführt, wenn Experimente am realen System zu aufwändig, zu teuer, zu gefährlich, nicht replizierbar oder nicht durchführbar sind.

In der Mathematik werden drei Grundformen unterschieden. Das deterministische Modell, das stochastische Modell und das algorithmische Modell. Das Simulationsmodell ist letzterem Zuzuordnen.

Das mathematische Modell eines Systems (oder eines Prozesses) heißt algorithmisches Modell, wenn es den originalen Prozessverlauf im System in Form struktur- und zeitgerechter Wertveränderung der einzelnen Zustandsvariablen – in Abhängigkeit von Anfangsbedingungen, Parametern und Eingangsinformationen – mittels elementarer Operationen und Bedingungen in algorithmischer Verknüpfung widerspiegelt.

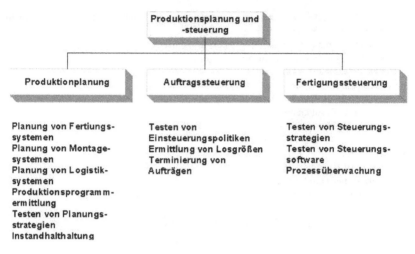

Hauptrichtungen der Simulation von Produktionsprozessen:
- Systemsynthese:
  Entwurf von Funktionen und Struktur künftiger Systeme
- Systemanalyse:
  Ursachen- und Verhaltensanalyse existierender Systeme
- Prozessidentifikation:
  Einsatz von Systemen zur Steuerung von Produktionsprozessen

Allgemeine Ziele, unter anderem
- Effizientes Planen
- Sicherer investieren
- Schneller realisieren
- Effizient reagieren

Spezifische Ziele, unter anderem
- Dimensionierung von Fabrikanlagen
- Abstimmung von BM-Kapazitäten
- Sicherung des Erzeugnisdurchlaufs
- Sicherung einer rentablen Produktion
- Engpassanalyse in der Produktion
- Einhaltung von Kundenterminen

In der Simulationstheorie unterscheidet man zwischen diskreten und kontinuierlichen Simulationssystemen, wobei sich die Begriffe auf die Art der Änderung des Systemzustands beziehen. Bei nichtstetigen Prozessen spricht man von diskreter Simulation, während man bei stetigen Prozessen (diese setzten immer kontinuierliche Größen voraus) von kontinuierlicher Simulation spricht.

Bei diskreten Systemen wird zwischen ereignisorientierten, prozessorientierten und transaktionsorientierten Ansätzen zur Simulation unterschieden.

Im prozessorientierten Modell werden die auf ein Objekt bezogenen Aktivitäten zu einem Prozess zusammengefasst. Prozesse können sich deaktivieren und andere Prozesse aktivieren.

Das transaktionsorientierte Modell zeichnet sich dadurch aus, dass es neben Blöcken mit fest vorgegebenen Funktionen Transaktionen gibt, die auf ihrem Weg durch die einzelnen Blöcke verändert werden.

Im Kontext der Betriebswirtschaftslehre wird in der Regel die diskrete, ereignisorientierte Simulation verwendet. Das heißt, es werden diskrete Zeitpunkte betrachtet, zu denen Ereignisse auftreten. Diese Ereignisse werden chronologisch abgearbeitet, wobei jeweils Zustandsübergänge oder –änderungen über Änderungen von Modellvariablen abgebildet werden.

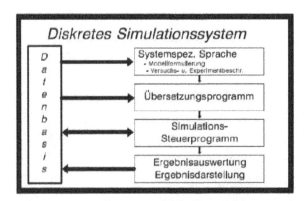

Prinzipiell könnte man einen Simulationslauf manuell durchspielen. Normalerweise verwendet man hierzu aber Simulationssysteme, die die Erstellung von Simulationsmodellen und das Durchführen entsprechender Simulationsläufe unter Berücksichtigung komplexer dynamischer Abläufe erst effektiv ermöglichen.

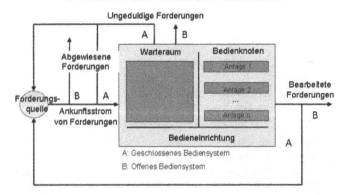

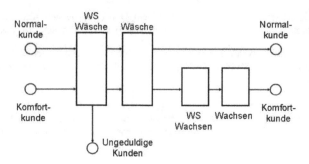

3. Informationsstrukturen im Unternehmen

3.1. Leistungsmerkmale und Systemkomponenten von SAP R/3

ERP – System: Grundlagen
- Leistungsfähige Datenbanksysteme: $\rightarrow$ Datenintegration
- Realisierung einer vollen Funktionsintegration
- Resultierende Merkmale:
  - Alle UN-Daten werden vom ERP-System verwaltet
  - Zugriff auf Bestände, die immer aktuell sind, ist gesichert
  - Alle Buchungsvorgänge werden dazu in Reihenfolge ihres Auftretens behandelt
  - Vermeidung von Daten-Inkonsistenzen
  - Alle UN-Daten werden nur einmal geführt

Prinzipien von ERP:
- vollständiger Infrastruktur
- Client-Server-Prinzip
- Offenheit
- Portabilität
- verteilte Anwendungen
- Anpassungsfähigkeit
- dedizierte Server

Vorteile von ERP:
- Einfacher Zugriff auf verlässliche Daten
- Eliminierung redundanter Daten
- Kostenreduktion durch Effizienzsteigerung
- Adaptionsfähigkeit

R/3: Realisierungsprinzipien:
- Ganzeinheitlich – integrierte Sicht auf betriebw. Vorgänge
- Datenkonsistenz über alle Prozessstufen u. Organisationseinheiten
- Mulitvalenz bzgl. Des Anwendungsprofils (Unternehmensgröße, Branchen, Länder,..)
- Flexibilität bzgl. An Markt und Kunden anpassbarer Geschäftsprozesse und Datenstrukturen
- Internationalität
- Entkopplung von Anwendungslösungen und systemtechnischen Funktionen

- Schichtenmodell mit eindeutigen Schnittstellen
- Portierbarkeit auf nahezu alle Hardware – Plattformen

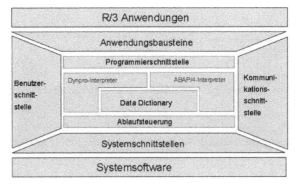

Abbildung 4-1: Architektur des Systems SAP R/3

R/3-Modul	Bezeichnung	Funktion
BS	Basissystem	Datenmodell, Schnittstellen zur Systemsoftware, Programmiersprache ABAP/4
WF	Workflow	Anschluss optischer Archivierungssysteme, SAP-Office mit MAIL und EDI
FI	Finanzwesen	Finanzbuchhaltung, Finanzcontrolling und -überwachung
AM	Anlagenwirtschaft	Anlagenbuchhaltung, technische Anlagenverwaltung
PS	Projektsystem	Netzplan, Kostenplanung und Budgetverwaltung, Vorwärts- und Rückwärtsterminierung
CO	Controlling	Kostenstellenrechnung, Markt- und Ergebnisrechnung, Profit-Center-Rechnung
MM	Materialwirtschaft	Einkauf, Bestandsführung, Bewertung, Inventur, Lagerverwaltung, Disposition, Rechnungsprüfung
PM	Instandhaltung	Arbeits-, Wartungspläne, Auftragsverwaltung
QM	Qualitätsmanagement	Prüfplanung, Prüfabwicklung, Dynamisierung, Stichprobenverfahren
SD	Vertrieb (Sales and Distribution)	Konditionen, Preisbindung, Verkauf, Versand, Fakturierung
PP	Produktionsplanung	Stücklisten- und Arbeitsplanverwaltung, Fertigungsaufträge, ...
HR	Personalwirtschaft	Zeiterfassung, Lohn- und Gehaltsrechnung, Reisekostenabrechnung, Personalplanung

3.2. Systemumgebung

3.2.1. Systemkern

- Ablaufsteuerung
- Systemschnittstellen

Org. und Steuerung des Zusammenwirkens von R/3 Komp.

$\rightarrow$ Betriebssystem
$\rightarrow$ Datenbanken

15

$\rightarrow$ Anwendungen
$\rightarrow$ Präsentation

a) Ablaufsteuerung

- Speicherverwaltung
- Scheduling

Speicherverwaltung:
$\rightarrow$ Zuordnung von Hauptspeicher zu Prozessen $\rightarrow$ möglichst großer HS nötig

Scheduling:
$\rightarrow$ Time – Sharing des Prozessoisten
        $\rightarrow$ Sicherung der parallelen Bearbeitung der einzelnen Programme in letzter Instanz
        $\rightarrow$ möglichst schnelle und parallele Prozessoren

b) Schnittstellen

R3 Zusammenspiel von Schichten:

Aufruf der Anwendung	
↓	
Anwendungsserver – Schichten $\rightarrow$ Bereitstellung der Anwendung	
↓	
Präsentations – Schicht $\rightarrow$ BS-Layout bereitstellen	Nutzerdaten eingeben
Datentransfer ↓	
Anw.server – Schicht $\rightarrow$ Verarbeiten der Nutzerdaten	
↓	
Datenbank $\rightarrow$ Speicherung der Verarbeitungsdaten	

3.2.2. Client – Server – Architektur

> Client-Server-Architekturen werden als bevorzugtes Softwareprinzip in Rechnernetzen eingesetzt. Ein Server ist ein Programm, das auf Anforderung eines anderen Programms (Client) einen Auftrag ausführt und die Ergebnisse an den Client zurückgibt.

a) SAP –Server

1. Anwendungs – Server
        Bereitstellung und Abarbeitung des Anwendungsprogramms
2. Message – Server
        Schnelle Kommunikation zwischen Anwendungsservern
3. Gateway – Server
        Vermittelt Anforderungen an andere Server; Mglk. zur externen
        Kommunikation
4. Datenbank - Server

Ziel:
- Gleichmäßige Verteilung der Arbeitslast bei guter Performance
- Verteilung der Serverdienste über mehrere Rechner möglich

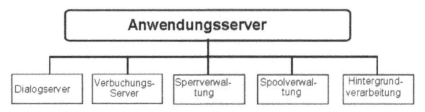

Abbildung 4-5: Anwendungs-Server des R/3-Systems

1. Dialog – Server
   Führt Benutzertransaktionen in Dialogschritten aus

2. Verbuchungs – Server
   Führt Datenbankänderungen aus

3. Sperrverwaltung
   Sperrt Datensätze vor gleichzeitigen Eingriff durch mehrere Nutzer

4. Hintergrundverarbeitung
   Abarbeitung v. Hintergrundprogrammen, z.B. Batchläufe

b) Transaktionen in SAP

Eine Transaktion besteht aus:
- Dialogteil/ – programm: (Eingabe, Ausgabe oder Überschreiben von Daten)
- Verbuchungsteil/ -programm: (Realisiert die Datenbankänderung)

> **Eine Transaktion ist ein betriebswirtschaftlicher Vorgang, der aus einer Folge logisch zusammengesetzter Dialogschritte besteht.**

Jedes Dialogprogramm erzeugt Protokollsätze, die nach Abschluss eines Dialogteils vom Verarbeitungsprogramm verarbeitet werden.

Transaktionsablauf

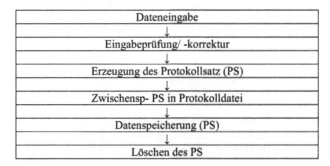

3.3.   R3 – Einführungskonzept

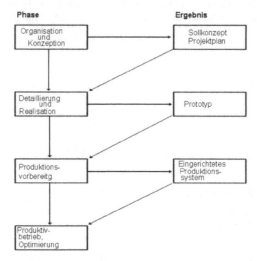

Abbildung 4-9: Das SAP R/3-Vorgehensmodell

3.3.1. Organisation und Konzeption

Anpassungsfähigkeit durch Customizing: Customizing- Methoden erlauben die Integration der Anwendungen in Unternehmensabläufe und die Anpassung an betriebsspezifische Anforderungen. Customizing bedeutet das Einführen von betriebsspezifischen Standardvorgaben und Verarbeitungsregeln in Tabellen.

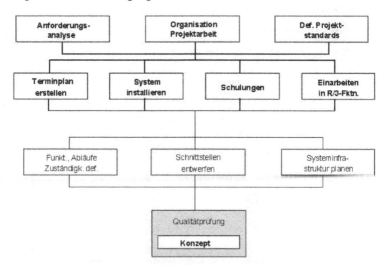

Abbildung 4-10: Vorgehensmodell, Phase "Organisation und Konzeption"

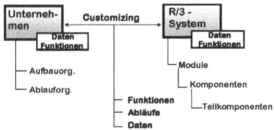

Abbildung 4-11: Customizing - Prozess

3.3.2. Detaillierung und Realisierung

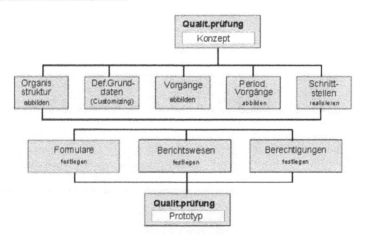

Abbildung 4-12: Vorgehensmodell, Phase "Detaillierung & Realisierung"

R/3: Mittelstandsfähigkeit – Individueller Einsatz durch Modularität:
- Dynamische Konfigurierbarkeit – Ausblenden nicht benötigter R/3 Funktionen
- Gliederung von R/3 in die Bausteine Finanzsystem, Logistik und Human Ressources
- Ergänzung der Bausteine durch zusätzliche Industrie- und Branchenlösungen
- Entwicklung dieser Lösungen als Add-ons durch kooperierende Systemhäuser
- Sicherung der Interoperabilität zwischen unterschiedlichen R/3-Releases

4. Reorganisation und Optimierung von Geschäftsprozessen

ARIS (Architektur integrierter Informationssysteme) bildet den Rahmen, in dem auf der Grundlage fundierten Anwendungswissens integrierte Anwendungssysteme entwickelt, optimiert und in die EDV-technische Realisierung überführt werden können.

Ziele:
- Aufbau von Integrierten Anwendungslösungen
- Unterstützung von Reorganisationsprozessen im Unternehmen
- Durch:

   o Systematische Hilfe bei Erstellen von IV-Architekturen
   o Aufbau einer prozessorientierten UN-Struktur auf Grundlage eines hoch entwickelten Workflow – Managements
   o Auswahl und Einführung von Standardsoftware
   o Unterstützung bei Erstellung von Standardsoftware

Die Architektur integrierter Informationssysteme ist das von Scheer entwickelte Konzept zur umfassenden Modellierung von Informationssystemen. Neben den Sichten Daten, Funktionen und Organisation wird hier die Steuerungssicht als zentrales Element zur Verbindung der Sichten definiert.

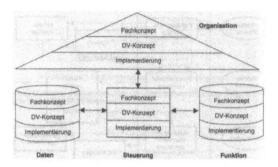

- Organisationssicht: die mit dem Anwendungssystem befassten Abteilungen
- Datensicht: die mit dem Anwendungssystem zugrunde liegenden Datenbestände
- Funktionssicht: die von dem Anwendungssystem unterstützten Aktivitäten
- Steuerungssicht: den logischen und zeitlichen Ablauf der dem Anwendungssystem zu Grunde liegenden Prozessen

Aufbau eins Unternehmensmodells:
1. Abbildung der Aufbaustruktur des U über ein Organigramm
2. Abbildung der Funktionsstruktur des U über einen Funktionsbaum
3. Abbildung der Informationsstruktur des U über ein Datenmodell
4. Abbildung des Prozessablaufs im U durch eine Ereignisgesteuerte Prozess – Kette (EPK): Zusammenführung der Informationen aus den Modellansätzen (1) bis (3)

Die Vorgangskette ist Beschreibungsmittel für die Beschreibung eines geschlossenen Geschäftsvorgangs.
- Die Vorgangskette besteht aus Vorgängen
- Ein Vorgang ist ein zeitverbrauchendes Geschehen
- Ein Vorgang wird durch ein Start-Ereignis ausgelöst und endet mit einem Ergebnis-Ereignis
- Die Vorgangsbearbeitung stellt eine Transformation von Werkstoffen und Informationen dar
- Die Transformation verbraucht Ressourcen

Ereignisgesteuerte Prozessketten (EPK)
- Eine ereignisgesteuerte Prozesskette (EPK) ist die graphische Darstellung der Ablauffolge von Funktionen im Sinne eines Geschäftsprozesses.

- Eine EPK besteht aus einer Menge definierter Elemente (Ereignis, Funktion, Flusslinie, Verzweigung,…)
- Die EPK repräsentiert die Steuerungssicht.
- Ereignisse „steuern" Prozesse
- Ereignisse und Funktionen werden durch Kanten im Sinne eines Kontrollflusses verbunden
- Ereignis → Funktion → Ereignis bildet eine Ereignisgesteuerte Prozesskette (EPK)
- Eine EPK zeigt den logisch-zeitlichen Ablauf eines Geschäftsprozesses

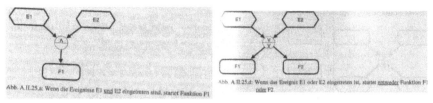

Abb. A.II.25,a: Wenn die Ereignisse E1 und E2 eingetreten sind, startet Funktion F1

Abb. A.II.25,d: Wenn das Ereignis E1 oder E2 eingetreten ist, startet entweder Funktion F1 oder F2.

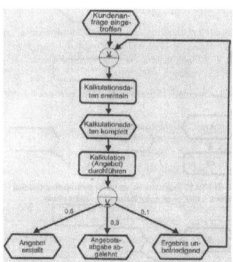

5. Verteilte PPS-Systeme

5.1. Verteilte Systeme Informatiksicht

- Daten u/o Funktionen eines Rechensystems sind auf verschiedenen Verarbeitungsknoten angesiedelt.
- Die Knoten arbeiten arbeitsteilig bei der Lösung einer Aufgabe zusammen.
- Man unterscheidet speicher-, platten- und netzgekoppelte Systeme
- Verteilte Systeme sind transparent; sie verhalten sich wie ein nicht verteiltes System

Verteilung von Daten
- Verteilte Datenbestände (Unternehmen)
- Verteilung zur parallelen Verarbeitung

Verteilung von Funktionen
- Parallele Verarbeitung von Daten → Beschleunigung
- Verarbeitung am Ort der Datenerzeugung

Verteilung von Last
- Geringe Antwortzeiten
- Ausnutzung nicht genutzter Kapazität

Charakteristika verteilter Systeme:
- Gemeinsame Nutzung von Betriebsmitteln (Speicher)
- Nebenläufigkeit durch verteilte Verarbeitung → auf mehreren Knoten des Verteilten Systems
- Skalierbarkeit des verteilten System
- Offenheit für Integration unterschiedlicher Systeme
- Transparenz der Verteilung für Benutzer
- Verfügbarkeit des Gesamtsystems durch Redundanz

Probleme verteilter Systeme:
- SW-Engineering für Entwicklung und Implementierung verteilter Systeme
- Unterstützung durch Betriebssysteme und Programmiersprache
- Anforderung an Verbindungsnetzwerk (Latenzzeit, Bandbreite)
- Sicherheit gemeinsam genutzter Ressourcen
- Heterogenität der beteiligten HW + SW
- Administration

5.2. Verteilte Systeme Anwendersicht

- Mehrere Knoten arbeiten kooperativ an der Lösung einer Aufgabe.
- Im Vordergrund stehen Organisationsstrukturen.
- Gegenstand der Verteilung sind:
  - o Verteilung technischer Ressourcen
  - o Knotenbezogene Verteilung organisatorischer Zuständigkeit
- Die Knoten weisen einen unterschiedlichen Autonomiegrad aus betriebswirtschaftlicher Sicht auf.

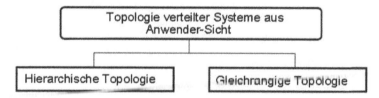

Abbildung 6-7: Topologie verteilter Systeme

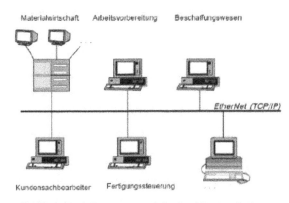

Abbildung 6-9: Verteilte PPS-Systeme mit flacher Netztopologie

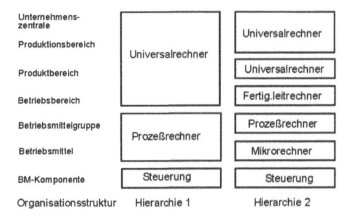

Abbildung 6-8: Verteilte Systeme in hierarchischer Netztopologie

Eine PPS-Funktion beschreibt die Aufgaben einer organisatorischen Einheit, ohne anzuwendende Methoden oder Verfahren vorzugeben oder eine inhaltliche Ausgestaltung festzuschreiben.